Effizientes Arbeiten

Bennet Vogel: Effizientes Arbeiten
Herausgegeben im Selbstverlag: Bennet Vogel, c/o AVEX,
Sophie-Charlotten-Str. 9-10, 14059 Berlin
Fax: 0911-30844-07638
Alle Rechte beim Autor
2. Auflage 2014

ISBN-13:
978-1494855154

ISBN-10:
1494855151

Inhalt

Kapitel 1: Methodische Fehler   S. 4

Kapitel 2: Fehlende / mangelnde Planung   S. 30

Kapitel 3: Handwerkliche Fehler   S. 36

Kapitel 4: Arbeitsausstattung / Umgebung   S. 63

Kapitel 5: Fehler im Umgang mit Menschen   S. 86

Kapitel 6: Erschöpfung   S. 93

Nachwort   S. 101

Einleitung

Viele Menschen fürchten sich vor dem Begriff der Effizienz. Effizienz wird als etwas technisches oder kaltes gesehen. Der Mensch komme dabei unter die Räder. Nur das Meßbare, gar nur noch das Finanzielle, zähle. In dieser Wahrnehmung wird Effizienz als etwas feindliches gesehen. Als Werkzeug, mit dem die Starken die Schwachen unterdrücken.

Nichts könnte weiter von der Wahrheit entfernt sein. Effizienz ist der Schlüssel zur Selbstbefreiung des Menschen.

Effizienz wird oft mit höher, schneller, weiter, billiger gleichgesetzt. Das Wörterbuch (Etymologisches Wörterbuch von Pfeifer) gibt Auskunft, was Effizienz wirklich bedeutet:

effizient, ferner <u>Effizienz</u>

effizient *Adj. 'wirksam, leistungsfähig' (1. Hälfte 19. Jh.), aus dem Part. Präs. lat. efficiēns (Gen. efficientis) 'bewirkend, wirksam'. –* **Effizienz** *f. 'Leistungsfähigkeit, Wirkungsgrad' (1. Hälfte 19. Jh.), aus lat. efficientia 'Wirksamkeit'.*

Es geht also darum, in dem, was man tut, wirksam zu sein. Wirksam im Erreichen der eigenen Ziele. Ist das Ziel, mehr Zeit mit der eigenen Familie zu verbringen, kann es sinnvoll sein, weniger zu arbeiten und weniger oft telefonisch oder per E-Mail erreichbar zu sein. Das genaue Gegenteil von dem, was viele oberflächlich betrachtet als Effizienz bezeichnen würden.

Dieses Buch legt den Schwerpunkt auf Bürotätigkeiten und geistige Arbeit. Es beschreibt die Grundlagen effizienten Arbeitens sowohl in der Arbeit des Einzelnen als auch im Zusammenwirken mit anderen Menschen.

Kapitel 1: Methodische Fehler

<u>Vermischung von Planung der Arbeit und der Arbeit an sich</u>

Besprechungen sollten ursprünglich einmal dazu dienen, Fragen zu klären und die folgenden Arbeitsschritte festzulegen. Leider wird in vielen Besprechungen der Versuch unternommen zu arbeiten, anstatt die Arbeit nur zu planen. In Besprechungen kann nicht gearbeitet werden. Wirkliche, produktive, Arbeit findet nur alleine oder in 2er-Gruppen statt. Auf Besprechungen sollte nur festgelegt werden, was zu tun ist und wer es bis wann zu tun hat. Hat man dies erledigt, verlasse man den Raum und jeder gehe an seine Arbeit.

In der Praxis wird in Besprechungen fast immer schon versucht, operativ zu arbeiten. Bei jedem zu klärenden Arbeitsschritt mischen sich Leute ein, deren Aufgabe es gar nicht ist, den Schritt zu bearbeiten. Sodann wird versucht, den Arbeitsschritt an Ort und Stelle zu bearbeiten, was gar nicht funktionieren kann. Denn:

a) Die notwendigen Informationen und Arbeitsmittel sind nicht im Raum verfügbar

b) es beteiligen sich mehr als 2 Leute an der Arbeit (Begründung, warum dies nachteilhaft ist, siehe oben)

c) es beteiligen sich Leute an der "Arbeit", die keine Ahnung haben

d) alle sind demotiviert, denn in größeren Gruppen können nie gute Ergebnisse erzielt werden.

Während sich 5 Leute auf die "Arbeit" stürzen, drehen weitere 5 Leute Däumchen und werden von ihrer (!) Arbeit abgehalten.

Mehr zum Thema Besprechungen und sinnvollen Alternativen finden Sie auf den Seiten 19 ff. in diesem Buch.

Mehrere Sachen gleichzeitig tun

Haben Sie mehrere Dinge zu erledigen, bieten sich zwei Möglichkeiten: Sie versuchen, die Dinge gleichzeitig zu erledigen, oder Sie erledigen sie nacheinander.

Ich kann Ihnen nur empfehlen, die Dinge hintereinander zu erledigen. Das heißt: Jede Sache für sich, immer nur genau eine Sache zur Zeit.

Ein Elfmeterschütze, der versucht, nebenbei auch noch etwas anderes zu erledigen, wird wenig Erfolg haben. Das gleiche gilt für Ihre Arbeit, egal ob es sich um große oder kleine, leichte oder schwierige Dinge handelt.

Nicht bei einem Thema bleiben

Eng verwandt mit "mehrere Sachen gleichzeitig tun" ist der Fehler, nicht bei einem Thema zu bleiben. Hier wird nicht versucht, verschiedene Dinge gleichzeitig zu erledigen, sondern es werden neue Dinge angefangen, bevor die alten erledigt sind. Gerade bei Besprechungen ist dies häufig zu beobachten. Anstatt Punkt für Punkt, nacheinander, Dinge zu besprechen, werden ständig neue Dinge angesprochen, bevor man zu einer Lösung für die zuvor angesprochenen Dinge gekommen ist. Oft geschieht dies in so schneller Abfolge, daß man irgendwann wieder beim Ausgangsthema angelangt ist. Für strukturierte Teilnehmer ist dies zum Haareraufen. Unstrukturierte Teilnehmer sind hingegen stolz auf die Vielzahl der behandelten Themen und die hohe Geschwindigkeit. Sie verwechseln Arbeit und über Arbeit reden. Sie setzen "eine Lösung gefunden haben" und "eine Entscheidung getroffen haben" mit "über das Thema geredet haben" gleich.

Da dies ein grundsätzlicher Denkfehler ist, unterläuft er unstrukturierten Menschen ständig. Sie können keinen klaren Gedanken verschriftlichen, weil sie nicht einmal klar denken können. Ihre Gedanken springen wie ein Flummi von einem Punkt zum nächsten und kommen nicht zur Ruhe.

Die Lösung liegt darin, die Gedanken an einem Punkt verharren zu lassen. Und zwar so lange, bis eine zufriedenstellende Lösung erzielt wurde. Erst dann gehe man zum nächsten Punkt über und verfahre dort genauso. Das erfordert Disziplin. Aufkommende andere Gedanken müssen zurückgestellt werden, auch wenn sie noch so verlockend erscheinen.

Wenn Sie selber ein strukturierte Mensch sind, kann es für Sie sehr anstrengend sein, mit unstrukturierten Menschen zusammenzuarbeiten. Als strukturierter

Mensch vermeiden Sie am besten, wo es geht, die Zusammenarbeit mit unstrukturierten Menschen. Wenn es sich nicht vermeiden läßt, dann achten Sie darauf, daß im Gespräch kein Chaos entsteht. Gleichgültig, ob es ein Vier-Augen-Gespräch oder eine Besprechung in größerer Runde ist. Wenn über blaue Quadrate gesprochen wird, und das Thema urplötzlich auf gelbe Dreiecke gelenkt wird, droht der sprichwörtliche Rote Faden verlorenzugehen. Hier ist es Ihre Aufgabe, dies zu verhindern. Weisen Sie Ihre(n) Gesprächspartner darauf hin: „Wir sind noch bei den blauen Quadraten", „das Thema blaue Quadrate ist noch nicht abgeschlossen". „Lassen Sie uns zunächst bei den blauen Quadraten bleiben". Solche und ähnliche Phrasen werden Sie verwenden. Sie werden sie oft verwenden müssen, um die Herde am ausbrechen zu hindern. Tun Sie es, denn außer

Ihnen tut es kein anderer.

Demokratisches Entscheiden

Je mehr gleichberechtigte Parteien an der Arbeit beteiligt sind, desto schwieriger wird es, eine Einigung zu erzielen. Der Zeit- und Arbeitsaufwand wächst mit jeder weiteren gleichberechtigten Partei überproportional.

Viele Projekte werden zur Qual und scheitern endlich, weil zu viele Leute gleichberechtigt mitbestimmen wollen. Zumeist sind dies die Projekte, wo keiner Verantwortung übernehmen will.

Oft wird argumentiert, die Gruppe sei klüger als der Einzelne. Deshalb wären demokratische Entscheidungsfindungen in Organisationen besser als Einzelentscheidungen.

Bei dieser Argumentation werden zwei Dinge vermengt, die nichts miteinander zu tun haben.

Es mag durchaus sein, daß die Gruppe klüger ist als der Einzelne. Deshalb ist jeder Alleinentscheider gut beraten, wenn er sich vor seiner Entscheidung von seinen Mitarbeitern Vorschläge machen läßt.

Aber selbst wenn die Gruppe klüger ist als der Einzelne, folgt daraus nicht, daß sie auch besser dazu geeignet ist, Entscheidungen zu treffen.

Zunächst einmal kommt es nicht nur auf die fachliche Güte einer Entscheidung an. Auch die Geschwindigkeit der Entscheidungsfindung spielt eine wichtige Rolle. Jeder Praktiker weiß, daß es meistens besser ist, eine mittelmäßige Entscheidung schnell zu treffen und dann auch durchzusetzen, als überhaupt nichts zu unternehmen. Alleinentscheider können Entscheidungen wesentlich schneller treffen und durchsetzen als Gremien, Arbeitsgruppen und ein Sammelsurium an interessierten Parteien.

Außerdem zerfasern demokratische Entscheidungsfindungen das Verantwortungsgefühl des Einzelnen. Wenn es gut geht, will jeder der Vater des Erfolgs gewesen sein. Wenn es schlecht geht, will jeder von Anfang an Bedenken gehabt haben. Diese Verantwortungslosigkeit führt dazu, daß verstärkt undurchdachte und allzu riskante Entscheidungen getroffen werden.

Wer hingegen alleine mit seinem Vermögen bzw. seiner Karriere und seinem guten Namen für eine Entscheidung einsteht, wird ein größeres Maß an Verantwortungsgefühl für die Folgen seines Handelns zeigen. Er muß dann aber auch das Recht haben, alleine zu entscheiden. Alles andere hieße, ihn für die Dinge verantwortlich zu machen, die außerhalb seines Entscheidungsspielraums liegen.

Dinge doppelt tun

Wenn Sie Zeit sparen wollen, müssen Sie es unbedingt vermeiden, Dinge doppelt zu tun. Ursache ist zumeist, daß das Ziel nicht schriftlich festgehalten wird. Gibt es kein schriftlich fixiertes Ziel, so wird in der Praxis oft vergessen, was man eigentlich mit seiner Arbeit bzw. seinem Arbeitsauftrag beabsichtigte. Das Ergebnis sind nicht nur schlechte Arbeitsergebnisse. Damit verbunden ist meistens auch ein überflüssiger zeitlicher Mehraufwand. Warum ist das so?

a) Man kann während des Entstehungsprozesses keine Abweichungen feststellen. Abweichungen sind (Zwischen-)Ergebnisse, die sich vom gewünschten Ergebnis unterscheiden. Habe ich das gewünschte Ergebnis nicht fixiert, ist es mir schon nach kurzer Zeit nicht mehr präsent. Ist es mir nicht mehr präsent, kann ich keine Abweichungen bemerken. So nehmen Fehler, die am Anfang noch schnell behoben werden könnten, ihren

Lauf und wachsen sich im schlechtesten Fall zu großen Fehlern aus. Diese Fehler zu korrigieren kostet dann viel Zeit. Liegt das endgültige Arbeitsergebnis vor, rächt es sich, über keine zuvor (!) fixierten Ziele zu verfügen. Die Ziele sind ja nichts anderes als eine "Blaupause", an der ich das Ergebnis messe. Liegt das Ergebnis vor, und ich habe keine dokumentierten Ziele, muß ich mühsam rekonstruieren, was meine Absicht gewesen ist. Bei größeren Projekten, z.B. einem Software-Programmierauftrag, der im Zusammenwirken vieler Beteiligter in vielen Besprechungen entstanden ist, rächt sich das. Wenn keiner Aufzeichnungen führt, endet dies in völligem Durcheinander.

Verzichte ich hingegen auf die Rekonstruktion des Zieles, oder mißlingt sie, so kann ich keine Endabnahme machen (die Endabnahme wird zur *Farce*). In der Folge kann sich das Produkt als fehlerhaft herausstellen. Die Folgekosten an Zeit und Geld können immens sein.

Fixieren Sie jeden Arbeitsauftrag, der wichtig ist. Fixieren Sie auch die wichtigen Dinge, die Sie sich vornehmen. Denn Ihre persönliche Planung ist nichts weiter als ein Arbeitsauftrag an sich selbst.

Über Arbeit zu reden, anstatt zu arbeiten

Über Arbeit zu reden oder zu schreiben bedeutet noch lange nicht, die Arbeit zu erledigen.

Deshalb führen Besprechungen, *Meetings*, *Jour Fixes* und E-Mails nur selten zu erledigter Arbeit. Um es ganz deutlich zu sagen: Wenn Sie den ganzen Tag mit Besprechungen und dem Schreiben und Lesen von E-Mails verbringen, dann sind Sie abends möglicherweise erschöpft. Ob Sie Arbeit erledigt haben, steht allerdings auf einem anderen Blatt.

Fast alle Besprechungen sind daher im Sinn einer produktiven Zeitverwendung überflüssig, ja sogar schädlich. Sie erfüllen stattdessen andere Funktionen: Sie können das Zusammengehörigkeitsgefühl stärken. Sie können zur Erheiterung beitragen, wenn dort gute Witze erzählt werden. Sie können Machtverhältnisse festigen, wenn dort Macht demonstriert wird. Sie können Langeweile dämpfen, denn zum Zeit totschlagen eignen sie sich recht gut. Und nicht zuletzt eignen sie sich dazu, den Tag herumzukriegen, ohne arbeiten zu müssen.

Wenn Sie allerdings produktiv sein wollen, sollten Sie keine Besprechungen mehr abhalten und an keinen Besprechungen mehr teilnehmen. Ersetzen Sie Besprechungen je nach Bedarf durch eine der folgenden Veranstaltungen:

a) Auftragsvergabe

b) Unterrichtung

c) Ideenfindung in der Gruppe

d) Motivation / Feiern / Ehrungen

Zu a: Bei der Auftragsvergabe spricht der Chef, und der Rest hört zu. Es wird nicht diskutiert, sondern es werden allenfalls Verständnisfragen gestellt. Da Arbeitsaufträge im betrieblichen Alltag am besten schriftlich vergeben werden, hat die Auftragsvergabe hier nur in Ausnahmefällen Sinn. Sie wird eigentlich nur bei großer Zeitknappheit eingesetzt.

Zu b: Die Unterrichtung läuft ähnlich, aber mit vertauschten Rollen ab. Es spricht immer nur einer und der Rest hört zu. Es wird nicht diskutiert, sondern es werden allenfalls Verständnisfragen gestellt. Der Chef bestimmt, wer wann wie lange zu welchem Thema spricht. Ziel ist es, den Chef und alle anderen über den Sachstand verschiedener Dinge zu unterrichten. Diese Art der Unterrichtung ist zeitsparend und bietet sich an, wenn sich die Lage häufig ändert. Teilnehmen sollten freilich nur die, die an einem gemeinsamen Projekt oder Prozeß arbeiten. Jeder Vortragende sollte sich gut vorbereiten, denn sein Redebeitrag ist wichtig, seine Redezeit zugleich aber begrenzt.

Eine Unterrichtung erlaubt unmittelbare Verständnisfragen und sollte daher nicht schriftlich als Rund-E-Mail erfolgen.

Zu c: Ideenfindung in der Gruppe ist per Definition etwas anderes als eine Besprechung. Bei ersterer arbeitet man, bei letzterer redet man anstatt zu arbeiten.

Ideenfindung in der Gruppe ist ein zeitlich begrenztes Treffen mehrerer Personen mit dem Ziel, Ideen zu sammeln. Wie bei jeder Arbeit sollte es auch hier ein klar festgelegtes Ziel geben, damit auch wirklich gearbeitet wird und die Arbeit nicht zu einer Besprechung ausartet.

Der Nachteil der Ideenfindung in der Gruppe ist, daß Arbeitszeit verloren geht, gerade wenn es sich um gemischte Gruppen handelt. Denn wird ein spezielles Thema angesprochen, sind zwangsläufig fast alle Teilnehmer außen vor. Sie können keinen Beitrag leisten. Sie langweilen sich. Ihre Aufmerksamkeit schweift ab.

Hinzu kommt, daß in der Gruppe oft die Ruhe fehlt, um neue Gedanken zu entwickeln. Außerdem verwenden die Teilnehmer einen guten Teil ihrer Energie darauf, sich Aufmerksamkeit und Gehör zu verschaffen. Diese Energie steht dann nicht mehr für die kreative Arbeit zur Verfügung.

Der Vorteil besteht im engen Austausch der Ideen und im Vortragen der Ideen vor der Gruppe. Hierbei kommt es zu der bekannten Verfertigung der Gedanken beim Reden und es werden neue Ideen geboren.

Zu d: Motivation / Feiern / Ehrungen dienen nicht unmittelbar dem Zwecke produktiver Arbeit. Sie sind als solche sinnvoll und haben ihre Berechtigung. Jedem Teilnehmer sollte bewußt sein, daß ihr Zweck gerade nicht darin besteht, zu arbeiten. Man sollte gar nicht erst den Versuch unternehmen, während einer solchen Veranstaltung E-Mails zu lesen oder zu beantworten oder sonst welche Dokumente zu lesen.

Nicht nur, weil es äußerst unhöflich gegenüber den anderen Anwesenden ist. Sondern auch, weil die Arbeitsergebnisse miserabel sein werden. Sie werden nicht Ihre ganze Arbeitskraft & Aufmerksamkeit einsetzen können, denn Sie werden immer zu einem Teil "in der Veranstaltung" sein.

Abschließend noch eine Warnung vor "Besprechungen, auf denen Entscheidungen über Investitionen getroffen werden sollen". Entscheidungen sind etwas gutes. Aber nur wenn sie wohldurchdacht und wohlbegründet sind. Investitionsentscheidungen, die in Besprechungen gefällt werden, können diese Anforderungen nicht erfüllen.

Ein Praxisbeispiel soll dies verdeutlichen: Eine kirchliche Einrichtung beabsichtigt den Kauf einer neuen Software.

Einkaufsleiter Arnim lud daher bereits vor einigen Monaten verschiedene Anbieter zu einer Präsentation ihrer jeweiligen Software ein. Angesichts des hohen Komplexitätsgrades der Programme und der begrenzten Zeit von 90 Minuten je Hersteller konnte keine Software gründlich getestet werden. Anstatt dem Anbieter einen schriftlichen Anforderungskatalog vorzulegen und die vielversprechendsten Programme von den eigenen Spezialisten aus der EDV-Abteilung testen zu lassen, wurden einige Fragen gestellt. Die Vertriebler mit dem gewinnendsten Lächeln und dem überzeugendsten Auftreten wurden vom Einkaufsleiter Arnim in die engere Auswahl genommen. Dabei fiel leider der Anbieter mit der bestgeeigneten Software aus dem Rennen. Das wußte aber zu diesem Zeitpunkt niemand und wird auch nie jemand erfahren. Auch weiß zum jetzigen Zeitpunkt noch niemand, daß die später eingeführte Software erhebliche Mängel aufweisen wird. In Ermangelung glasklarer Anforderungen und Zusicherungen sind "Mißverständnisse" vorprogrammiert.

Nun kommt es zur großen Besprechung. Es stehen 3 Anbieterprogramme zur Auswahl. Die Anbieter selber sind heute nicht vertreten. Es nehmen Teil: Einkaufsleiter Arnim, Ressortleiter Meier, Ressortleiter Huber und Ressortleiter Nüßlein.

Die 3 Ressortleiter haben sich bis zum jetzigen Zeitpunkt noch nicht mit dem Software-Projekt befaßt und werden gleich zum ersten Mal die Namen der Anbieter in der engeren Auswahl erfahren. Von Software haben sie wenig Ahnung, aber Aufgrund ihrer Stellung im Betrieb und der Tatsache, daß ihre jeweiligen Ressorts die neue Software nutzen werden, sind sie zur Entscheidung befugt.

In der Besprechung stellt Einkaufsleiter Arnim die seiner Meinung nach bestehenden Vor- und Nachteile der Programme vor. Die Ressortleiter verstehen wenig von dem, was ihnen gesagt wird. In der Besprechungssituation will sich aber keiner die Blöße geben. Es werden daher keine Verständnisfragen gestellt. Ressortleiter Meier weiß, daß die Übersichtlichkeit der Benutzerverwaltung wichtig ist. Auf seine Frage hin bescheidet ihm Einkaufsleiter Arnim, daß dies bei allen zur Rede stehenden Programmen gegeben sei. Meier gibt sich damit zufrieden, Zeit, die Aussagen des Einkaufsleiters überprüfen zu lassen, ist ohnehin nicht vorhanden, denn es soll heute noch eine abschließende Entscheidung gefällt werden.

Die Besprechung dreht sich in den folgenden 90 Minuten um grundlegende Fragen, die bereits alle vollständig in der – von den Ressortleitern nicht gelesenen – Ausschreibung beschrieben sind. Diese Anforderungen wurden von Meier zu 70% verstanden, von Huber gar nicht verstanden und von Nüßlein vollkommen falsch verstanden. Es kommt zur Abstimmung...

Welche Software gewählt wurde ist an dieser Stelle nicht mehr entscheidend. Entscheidend ist, daß es unter diesen Umständen reine Glückssache ist, ob eine gute Entscheidung getroffen wird.

"Besprechungen, auf denen Entscheidungen über Investitionen getroffen werden" verleiten die Teilnehmer (wie jede Besprechung) dazu, sich nicht vorzubereiten. Die Erwartung: Man bekomme ja eh präsentiert, worum es geht. Da sich aus Furcht vor Gesichtsverlust niemand in einer Gruppe die Blöße geben will, gibt keiner sein Nichtwissen zu. In der knappen Zeit einer Besprechung fehlt es an Zeit, Dinge gründlich zu durchdenken. Und schließlich gibt es hier keine Möglichkeit, Aussagen zu überprüfen. Es muß geglaubt werden oder nicht geglaubt werden. Dazwischen gibt es nichts.

Kapitel 2: Fehlende / mangelnde Planung

Mangelnde Planung

Mangelnde Planung ist eine der Hauptursachen für Ressourcenverschwendung. Planung erfordert zunächst Ressourcen. Sie gibt sie aber zeitverzögert um ein Vielfaches zurück. Dies zu erkennen ist entscheidend. Wer eine hohe Zeitpräferenz hat, ist sicherlich stärker geneigt, Planung zu vernachlässigen, als vorausschauende Menschen mit geringer Zeitpräferenz.

Gibt es ein Zuviel an Planung? Ja, das ist möglich. Planung muß in einem gesunden Verhältnis zu den Risiken (=erwartetes Schadensausmaß und Eintrittswahrscheinlichkeit) stehen. Bei größeren Projekten sollte das Ausmaß der erforderlichen Planung unter Zuhilfenahme von Fachexperten abgeschätzt werden. Bei kleineren Projekten kann dies auch *ad hoc* "aus dem Bauch heraus" erfolgen.

Niemand käme auf die Idee, ein Haus zu bauen ohne zu planen. Menschen planen den Kauf eines neuen Autos oder ihren Jahresurlaub in aller Ausführlichkeit. Dieselben Menschen sträuben sich erstaunlicherweise, ihre Arbeit zu planen.

Bei der Planung eines Autokaufes oder Urlaubes ist das Ziel klar: Den optimalen Punkt zwischen Produktgüte und Preis finden. Dieser optimale Punkt läßt sich auch in der Arbeit finden. Die gesparte Zeit trägt hier kein Preisschild und man verbringt sie nicht am Strand. Wohl deshalb sehen viele nicht, wieso Planung wichtig ist und was sie davon haben. Der Nutzen ist da, aber er ist schwer erkennbar.

Jede in Planung investierte Zeiteinheit führt zeitverzögert zu einer wesentlich größeren Zeitersparnis. Planung lohnt sich erfahrungsgemäß fast immer.

Kann der Einzelne über seine gewonnene Zeit frei entscheiden, ist es für ihn attraktiv, effizient zu arbeiten. Er steht dann aber auch vor der Entscheidung, ob er die gewonnene Zeit für noch mehr Arbeit nutzen will, ob er sie zur Erholung nutzen will, oder ob er sie verschwendet.

In größeren Organisationen mag es für einzelne Mitarbeiter jedoch unattraktiv sein, effizient zu arbeiten. Dies ist dann der Fall, wenn sie nicht selber über die gewonnene Zeit entscheiden können, sondern diese Zeit zwangsläufig mit neuen Arbeitsaufträgen von Vorgesetzten gefüllt wird. Wer plant und auch sonst effizient arbeitet, wird dann mit zusätzlicher Arbeit „bestraft", während weniger produktive Kollegen für ihre Ineffizienz indirekt belohnt werden.

Fehlende persönliche Zeitplanung

Jedes Bauprojekt, ja überhaupt jedes Projekt folgt einem Zeitplan. In der Herstellung sind Abläufe getaktet. Aber wie sieht es mit der persönlichen Zeitplanung der beteiligten Personen aus? Die meisten Menschen, die sich täglich auf der Arbeit mit der Zeitplanung für betriebswirtschaftliche Abläufe befassen, haben für ihre persönlichen Ressourcen keine Zeitplanung. Sie besitzen einen Kalender, aber der ersetzt kein Zeitplansystem.

Es gibt einen erheblichen Unterschied zwischen dem bloßen Führen eines Kalenders und der Anwendung eines Zeitplansystems.

Die gängigen Kalender – seien sie elektronisch oder klassisch in Papierform – folgen keiner Methode zum Umgang mit der Zeit. Sie sind nur eine zeitlich gegliederte Aneinanderreihung von leeren Feldern zum Eintragen der Termine.

Auch Bücher wie das vorliegende sind an sich noch kein Zeitplansystem. Sie bieten wertvolle Methoden – aber Methoden sind noch kein System.

Ein System ist etwas, daß durch wiederholte Abläufe und Regelkreise bei der Zielerreichung hilft. Es erkennt Abweichungen vom Ziel und hilft, sie zu regulieren..

Zeitplansysteme gibt es seit Jahrzehnten. Im deutschsprachigen Raum verbreitet sind z.B. Helfrecht und Hirt.

Wie bei allen Systemen gilt aber: Systeme sind Hilfsmittel. Werden sie nicht, oder nicht zureichend angewandt, bringen sie nicht den erstrebten Nutzen.

Kapitel 3: Handwerkliche Fehler

<u>Unzureichende Dokumentation der Aufgaben</u>

Viele Sachbearbeiter und Chefs notieren sich ihre Aufgaben und Zusagen nicht. Sie führen lange Gespräche und machen sich dabei keinerlei Notizen. Am Ende des Gespräches wissen sie schon nicht mehr, was zu tun ist. Die Lösung ist einfach: Alle Aufgaben, die einen betreffen (wenn ich als Chef andere überwache auch deren Aufgaben) aufschreiben und im Terminkalender festhalten.

Fehlende Wiedervorlage

Gibt es zeitliche Unterbrechungen / Verzögerungen bei auszuführenden Aufgaben dann muß man sich eine Notiz im Kalender machen, um sicherzustellen, daß die Aufgabe zu einem späteren Zeitpunkt auch wirklich abgeschlossen wird. Das nennt man Wiedervorlage.

Beispiel: Wenn ich etwas bestelle, kommt die Lieferung <u>zeitverzögert</u>. Der Wareneingang muß überwacht werden, denn er ist ja der Grund für meine Bestellung. Er kann aber erst überwacht werden, wenn die Ware eingeht.

Mißbrauch von Besprechungen zur Kontrolle von Arbeitsergebnissen

Am Anfang dieses Buches wurde der häufige Fehler beschrieben, Besprechungen zur Erledigung von Arbeit zu nutzen.

Ein weiterer häufiger Fehler ist der Versuch, Arbeitsergebnisse in Besprechungen zu kontrollieren. Im Rahmen einer Besprechung können Arbeitsergebnisse aber nicht kontrolliert werden, denn die Kontrolle ist selbst Arbeit.

Viele Chefs lassen sich die Ergebnisse in den Besprechungsraum liefern, anstatt an ihren Schreibtisch, wo sie in Ruhe analysieren und danach z.B. den Ort der Wertschöpfung aufsuchen könnten, um den aus den

Zahlen gewonnenen Eindruck zu vertiefen.

Informationsarmer Schriftverkehr

Beispiel für informationsarmen Schriftverkehr:

Montag, in der 31. Kalenderwoche

Huber: „Wir sollten uns dringend zu einem Meeting treffen und den Projektstand A besprechen. Wann hätten Sie Zeit, Herr Müller?"

Müller: „Diese Woche nicht mehr."

Huber: „Ok. Dann am Dienstag?"

Müller: „Diese Woche geht es, wie gesagt, nicht."

Huber: „Ich meinte nächste Woche Dienstag. Haben Sie da Zeit?"

Müller: „Nein. Aber am Mittwoch zwischen 10 und 11 Uhr."

Huber: „Ich kann Mittwoch erst ab 15:30 Uhr. Vorher bin ich auf der xy-Sitzung!"

Müller: „In Ordnung. Mittwoch 15:30 habe ich noch Zeit."

Huber: „Ok."

Müller: „Schicken Sie mir eine Einladung per notes?"

Sehen Sie, wie unproduktiv und wie überflüssig lang dieser Schriftverkehr ist? Halten Sie sich an folgende Regeln, und Ihr Unternehmen wird eine Produktivitätsexplosion erleben:

1. Wenn Sie Termine vereinbaren wollen, überlegen Sie sich vorher, wann Sie Zeit haben. Schlagen Sie von sich aus einen Termin und Ort und einen Ausweichtermin vor.

2. Um Mißverständnissen vorzubeugen, schreiben Sie immer das volle Datum. Also nicht einfach nur „Dienstag", sondern z.B. „Dienstag, 26.02.13".

3. Wird Ihnen ein Termin vorgeschlagen, an dem Sie keine Zeit haben, so schlagen Sie mehrere alternative Zeiten / Zeiträume sowie einen Ort für das Treffen vor.

4. Informieren Sie den Kommunikationspartner von sich aus über die nächsten Schritte, die Sie unternehmen werden und die ihn unmittelbar betreffen.

Ein Beispiel für informationsreichen Schriftverkehr könnte so aussehen:

Huber: „Wir sollten uns dringend zu einem Meeting treffen und den Projektstand A besprechen. Hierzu schlage ich Mittwoch 27.03.13 von 10 – 11 Uhr bei mir im Büro vor. Alternativ Mittwoch 03.04.13 ab 14 Uhr. Wann haben Sie

Zeit?"

Huber: „Am 27.03.13 bin ich außer Haus. Ich habe am Mittwoch, 03.04.13 ab 15:30 Zeit."

Müller: „In Ordnung. Ich schicke Ihnen sofort eine Einladung per Notes, für Mittwoch 03.04.13 von 15:30 bis 16:30 Uhr."

Beachten Sie, daß Sie nur einen scheinbaren Mehraufwand haben, wenn Sie sich an die obigen vier Regeln halten. Unter dem Strich sparen Sie Zeit und Arbeit und schonen Ihre Nerven, wie der Vergleich der Beispiele zeigt.

Vernachlässigung Preußischer Tugenden

Als Preußische Tugenden bezeichne ich Ordnung, Pünktlichkeit, Sauberkeit, Gründlichkeit, Mut, Achtung vor anderen Menschen und Achtung vor dem Eigentum anderer Menschen.

Das mag dem einen oder anderen Leser altmodisch vorkommen. Tatsächlich sind diese Tugenden zeitlos gültig.

Die Vernachlässigung Preußischer Tugenden führt jährlich zu Milliardenverlusten. Wohlstandsverluste, die nicht nur "die Wirtschaft", sondern jeder Einzelne Bürger trägt.

Preußische Tugenden haben in diesem Land einen schweren Stand. Günter Grass würdigte sie zu Nazi-Tugenden herab, mit denen man auch ein KZ betreiben könne. Dabei übersehend, daß man damit auch ein Krankenhaus oder eine Rettungsstelle betreiben kann. Pädagogen würdigten sie zu Sekundärtugenden herab, unbedeutend im Vergleich zu Toleranz und Methodenkompetenz. Wohin das geführt hat, läßt sich in vielen Studentenwohnheimen besichtigen. Die zukünftigen Spitzenkräfte sind so sehr mit der Entwicklung von Fach- und Methodenkompetenz und Toleranz beschäftigt, daß verdreckte Küchen, verdreckte Toiletten, ewig laufende Wasserhähne, nachts brennende Lampen und unabgeschlossene Eingangstüren Alltag sind. Warum das keine ästhetischen Probleme sind, wird im folgenden dargelegt.

Die einzige Tugend unserer Zeit ist Toleranz. Toleranz gibt aber nur als *ein* Instrument unter vielen Sinn. Fehlen andere Tugenden, ist das Gleichgewicht gestört. Fehlt insbesondere die Tugend des Mutes, ist Toleranz nur mehr das Schlagwort, hinter dem sich Feigheit verbirgt.

Der Nutzen der Preußischen Tugenden sei im folgenden kurz dargestellt:

Ordnung:

Ordnung spart Zeit. Sie hilft, den Überblick zu behalten und Fehler zu vermeiden. Stellen Sie sich einmal einen Operationssaal vor, in dem die OP-Bestecke nicht fein säuberlich aufgereiht und desinfiziert auf einem Tablett liegen. Was würden Sie von einem Arzt halten, der im OP-Saal erst einmal eine Viertelstunde lang anfängt, das Besteck zu suchen? Der nicht weiß, ob das Besteck nach der letzten OP desinfiziert wurde, weil er sich nicht erinnern kann und keine Aufzeichnungen darüber vorliegen? Der Arzt ist nämlich ein kreativer Kopf, hat es nicht so mit Vorschriften und hält Dokumentationen und Aufzeichnungen für überflüssige Bürokratie. Würden Sie sich von solch einem Arzt operieren lassen?

Überall dort, wo es um Menschenleben geht, ist Unordnung offensichtlich fehl am Platze. Sei es im Operationssaal, in der Flugsicherung, bei der Feuerwehr und so weiter.

In vielen anderen Bereichen des Arbeitslebens wird

Unordnung geduldet. Dabei ist sie hier genauso fehl am Platze. Da sich Unordnung hier aber nicht tödlich auswirkt und die Folgen sich oftmals erst mit zeitlichem Abstand zeigen, wird sie geduldet.

Unordnung ist immer fehl am Platze. Sie führt immer zu schlechten Ergebnissen. Wer Unordnung toleriert, ist ein schlechter Chef. Wer selber unordentlich ist, ist charakterschwach.

Pünktlichkeit:

Pünktlichkeit heißt, zu jeder Verabredung 5 Minuten früher als verabredet zu erscheinen. Das gibt Ihnen einen 5-minütigen Puffer und läßt Sie entspannter erscheinen, als wenn Sie "auf den letzten Drücker" abgehetzt kommen. Falls Sie es für normal halten, Zeiten nicht so genau zu nehmen, so verschwenden Sie die Zeit des Wartenden. Läßt man Sie warten, so wird Ihre Zeit vernichtet.

Sauberkeit:

Mangelnde Sauberkeit wird besonders da zu einem Problem, wo mit Geräten und Handelswaren gearbeitet wird. Wird aus Unverständnis oder Bequemlichkeit die Reinigung von Gerät vernachlässigt, führt dies später zu Ausfällen und Störungen, die Zeit kosten.

Gründlichkeit:

Gründlichkeit heißt, Dinge vollständig zu machen. Sie so gut wie möglich zu machen und sie zum Abschluß zu bringen. Alles was Sie machen, gleich ob Sie es für sich selbst oder andere machen, ob Sie es entgeltlich oder unentgeltlich machen, sollten Sie gründlich machen. Stellen Sie sich vor, man würde Sie nach dem Ergebnis jeder einzelnen Ihrer Tätigkeiten bewerten. <u>Alles</u> was Sie machen ist dann Ihre Visitenkarte.

Warum sollten Sie gründlich sein? Weil Nacharbeiten Zeit fressen und damit Kosten verursachen und das Leben erschweren. Weil bessere Ergebnisse Ihnen mehr Erfolg und Zufriedenheit bringen. Wenn Sie sich angewöhnen, immer alles gründlich zu machen, werden Sie kurzfristig mehr Zeit benötigen, aber langfristig viel Zeit sparen.

Mut:

Auch Mut trägt zu effizienter Arbeit bei. Das beginnt bereits bei der Herangehensweise an Ihre Arbeit. Zögern Sie, unangenehme Dinge in Angriff zu nehmen, verlieren Sie Zeit. Anstatt Ablenkung zu suchen, sich mit Nebensächlichkeiten zu beschäftigen, oder – noch schlimmer – einfach nur abzuwarten und gar nichts zu tun, empfehle ich Ihnen, mutig und entschlossen an die Arbeit zu gehen. Verbannen Sie Prokrastination. Dazu gehört Mut.

Mut kann auch dazu beitragen, Fehlentwicklungen rechtzeitig zu unterbinden. Die Betrachtung des Offensichtlichen erfordert Mut. Sich von Selbst- und Fremdtäuschungen zu befreien, ist nicht immer einfach. Doch Erkenntnis ist nur der 1. Schritt. Gemäß seiner Erkenntnis zu handeln ist der 2. und mindestens ebensoviel muterfordende Schritt.

Nicht wissen zu wollen ist eine sichere Methode, Fehler zu machen. Wieder besseres Wissen das Falsche zu tun, ist pure Zeitvergeudung und nebenbei eine Beleidigung für den Verstand. Sollten sich Kollegen, Vorgesetzte oder Geschäftspartner im Irrtum befinden, so gebietet es eine effiziente Einstellung, diese darauf hinzuweisen.

Achtung vor anderen Menschen:

Achtung vor anderen Menschen bedeutet, in anderen Menschen das Gute zu sehen, ihnen Schwächen zu verzeihen und sie so zu behandeln, wie man selber gerne von ihnen behandelt werden würde.

Auf den ersten Blick hat das viel mit guten Manieren und wenig mit effizientem Arbeiten zu tun. Tatsächlich gibt es aber einen starken Zusammenhang. Wenn ich Achtung vor anderen Menschen habe, liefere ich ihnen nur hervorragende Arbeit. Ich arbeite gründlich, sorgfältig und gut. Ich arbeite gründlich genug, um eine gute Arbeit abzuliefern und zügig genug, um andere nicht zu lange warten zu lassen. Wenn meine Arbeitsergebnisse gut sind, ist die Wahrscheinlichkeit, daß ich sie später einmal überarbeiten muß geringer. Ich spare Zeit. Der Empfänger der Arbeit spart auch Zeit: Denn er hat weniger Rückfrage- und Korrekturbedarf. Wenn die Arbeit zügig fertiggestellt wird, zwinge ich mich, effizient zu arbeiten. Der Empfänger hat kürzere Wartezeiten. Auf beiden Seiten wird Zeit gespart.

Dazu ein Beispiel aus eigenem Erleben. Beim Besuch eines Forschungslabors an einem Humanbiologie-Institut fiel der Mangel an Achtung vor anderen Menschen auf. Die Mitarbeiter kamen aus aller Herren Länder. Waren im Schnitt zwischen 30 und 40 Jahren alt und promovierte Biologen. Die *crème* der internationalen Forschungslandschaft.

Fachlich waren alle für die Arbeit geeignet. Schwierigkeiten im Alltag zeigten sich dennoch. Ein gewisser Teil der Mitarbeiter legte grundsätzlich die Arbeitsmaterialien nicht an den dafür vorgesehenen Platz zurück. Die Kollegen müssen daher immer wieder das gesamte Institut nach den Materialien absuchen.

Proben werden in einem -80° Celsius kalten Gefrierschrank aufbewahrt. Bereits kurzzeitige Temperaturschwankungen können die Proben und damit die Arbeitsergebnisse von Monaten zunichte machen. Ich selber wurde Zeuge eines nicht richtig geschlossenen Gefrierschranks. Als Mitarbeitern dies auffiel, wurden die Dichtungen sofort notdürftig enteist und die Tür dann schnellstens geschlossen. Laut Aussage von Mitarbeitern komme es ständig vor, daß einzelne Kollegen die Türen der Gefrierschränke nicht richtig verschließen.

Nicht die fachliche Qualifikation ist heutzutage der Engpaß. Es gibt genügend fachlich qualifizierte Mitarbeiter, allem Gerede vom Fachkräftemangel zum Trotz. Wohl aber haben wir einen Mangel an Preußischen Tugenden.

Kein promovierter Biologe ist geistig damit überfordert, Werkzeuge zurückzulegen oder Türen zu schließen. Es liegt hier alleine eine Gedanken- und Rücksichtslosigkeit vor - Mangel an Achtung vor anderen Menschen.

Achtung vor dem Eigentum anderer Menschen:

Eng verwandt mit der Achtung vor anderen Menschen ist die Achtung vor deren Eigentum. Wenn ich einen Menschen respektiere, dann auch sein Eigentum. Beides läßt sich nicht voneinander trennen. In der Praxis ergibt sich hieraus der pflegliche Umgang mit anderer Leute Arbeitsmitteln. Ich behandle sie pfleglich und wenn ich sie beschädige, sorge ich für Ausgleich. So kommt es zu weniger (Maschinen)Ausfällen und die Effizienz bleibt erhalten.

Selbstverständliche Dinge, die eigentlich jedes Kind zuhause, in der Familie, gelernt haben sollte? Gewiß. Aber leider ist dies heutzutage nicht mehr selbstverständlich.

Mangelnde Disziplin

Alles Wissen um die richtige Zeitplanung und Effizienz sind praktisch wertlos, wenn die Disziplin fehlt, sie umzusetzen. Disziplinlosigkeit hat ihre Ursache in einem falschen Verständnis von Zeit und Belohnung. Disziplin heißt, die Dinge zu tun, die richtig sind. Richtig, weil sie langfristig zu besseren Ergebnissen führen als alternative Handlungen. Im Wettbewerb zur Disziplin stehen Handlungen, die kurzfristig einen schnelleren und bequemeren Zugang zu Glücksgefühlen versprechen. Diese Dinge machen scheinbar Spaß, gehen schnell und bringen sofort die erhofften guten Gefühle. Es erforderte Disziplin, diesen Verlockungen zu widerstehen.

Das Essen einer Tafel Schokolade bringt unmittelbar stärkere Glücksgefühle als gesunde Ernährung. Langfristig aber wird belohnt, wer sich gesund ernährt. Er hat eine bessere Figur, mehr Körperkraft und eine höhere Lebenserwartung und die Fähigkeit, Essen zu genießen.

Fernsehen bringt kurzfristig stärkere Glücksgefühle als das Lesen eines guten Buches. Doch schon beim Ausschalten des Fernsehers stellt sich ein leeres Gefühl ein. Ich bin wieder der Droge Fernsehen erlegen, ich habe wieder meine Zeit sinnlos verschwendet und ich fühle mich taub, leer, unbefriedigt. Vergleichen Sie das einmal mit den guten Gefühlen beim und nach dem Lesen eines Buches. Sicher scheint es zunächst schwerer. Sie müssen sich voll und ganz auf das Buch konzentrieren, müssen ihre "Nebentätigkeiten" aufgeben. Sie müssen sich auf das Buch einlassen – es verlangt einiges von Ihnen. Lassen Sie sich aber darauf ein, werden Sie belohnt.

Unangenehme Telefonate vor sich herzuschieben, sich stattdessen stundenlang an Nebensächlichkeiten aufzuhalten, bringt scheinbar zunächst Vorteile. Sie verspüren nicht den "Schmerz" des unangenehmen Telefonats. Sie bezahlen das aber teuer. Ihre Selbstachtung leidet, weil Sie feige zurückgewichen sind. Sie sind unzufrieden, weil Sie die letzten Stunden vergeudet haben. Wenn Sie hingegen die unangenehmen Telefonate sofort erledigen, sind Sie vom Druck befreit und haben zudem ein Erfolgserlebnis, das Sie stolz macht und beflügelt.

Das wirksamste Mittel um Disziplinlosigkeit zu überwinden ist nicht etwa, das Streben nach Glücksgefühlen zu verdammen. Es ist vielmehr, sich vor Augen zu führen, daß die größten Glücksgefühle das Ergebnis von Disziplin und Selbstzucht sind.

Unnötige Wiederholungen

Unnötige Wiederholungen sind ein Zeitfresser, der sich mit etwas Selbstdisziplin leicht in den Griff bekommen läßt.

Unnötige Wiederholungen sind das überflüssige, mehrfache, Verrichten ein und derselben Tätigkeit.

Beispiel: Eine E-Mail 3 x lesen, bevor man sie beantwortet. Dies ist ein klassischer Fehler. Warum wird er begangen? Oft aus mangelnder Selbstdisziplin. Man ist zu neugierig oder reagiert nur noch unterbewußt auf das "push-Signal" auf dem Bildschirm und klickt ohne nachzudenken auf die E-Mail. Das, obwohl man weiß, daß man jetzt gar keine Zeit hat, die E-Mail zu beantworten. Warum aber eine E-Mail jetzt lesen, wenn ich sie erst später beantworten kann? Bis ich sie beantworten kann vergeht Zeit, in der ich wieder vergessen habe, was in der E-Mail stand. Folglich muß sie noch einmal gelesen werden. Gedankenlosigkeit, mangelnde Selbstbeherrschung und sicherlich auch ein übertriebenes Kontrollverlangen sind hierfür ursächlich.

Kapitel 4: Arbeitsausstattung / Umgebung

<u>Ablenkung durch andere in Person oder durch E-Mails</u>

Die beste Zeitplanung und größte Disziplin bringt Ihnen nichts, wenn Sie sich die Früchte Ihrer Arbeit durch andere, die weniger Zeitplanung betreiben und weniger Disziplin besitzen als Sie, zerstören lassen. Sagen wir, Sie haben 3 Stunden Zeit eingespart und sind statt um 19 Uhr bereits um 16 Uhr fertig. Sie wollen die 3 Stunden für sich nutzen. Wenn Sie sich diese 3 Stunden wieder wegnehmen lassen, weil z.B. just um 16 Uhr das Telefon klingelt oder ein redseliger Kollege in der Tür steht, verlieren Sie alles.

Bedenken Sie bitte, daß meistens kein böser Wille dahintersteckt. Nicht jeder kann effizient arbeiten. Nicht jeder weiß, daß Sie Ihre Zeit bereits für andere Dinge reserviert haben als für einen ausführlichen Plausch. Bedenken Sie aber auch, daß Ihre Zeit wertvoll ist.

Was also machen Sie, wenn das Telefon klingelt, und Sie eigentlich besseres vorhaben? Sie teilen Ihrem Gesprächspartner gleich zu Beginn des Telefonates mit, daß Sie nur wenig Zeit haben. Sagt der Gesprächspartner nicht von sich heraus direkt was er will, fragen Sie ihn direkt. Beenden Sie das Telefonat nach spätestens 2 Minuten. Denken Sie nicht, Ihr Gesprächspartner wird sich kurz fassen, nur weil Sie gesagt haben, Sie hätten wenig Zeit. Die meisten reden einfach weiter, so als wäre nichts gewesen. Aber Sie können nach spätestens 2

Minuten das Telefonat beenden, ohne unhöflich zu sein. Sagen Sie dann einfach: „Es tut mir leid, aber ich muß an dieser Stelle aufhören". Fassen Sie kurz das wesentliche Ergebnis des Gespräches zusammen und verabschieden Sie sich. Legen Sie dann auf. Bittet Sie der Gesprächspartner um einen Gefallen, der länger dauert, fragen Sie, bis wann er das Ergebnis haben muß. Erledigen Sie es ein anderes Mal.

Steht jemand in der Tür, kann es schwerer fallen, das Gespräch kurzzuhalten. Von Angesicht zu Angesicht fällt es bisweilen schwerer, ein Gespräch zu beenden. Aber im Prinzip gilt hier dasselbe. Sagen Sie gleich zu Beginn, daß Sie wenig Zeit haben. Fragen Sie nach dem Anliegen, wenn der Andere es nicht von sich aus sagt. Auch hier gilt wieder: Ihr Gesprächspartner wird sich nicht kurz fassen, nur weil Sie ihm gesagt haben, daß Sie wenig Zeit haben. Menschen glauben, was sie sehen eher als das, was sie hören. Wenn Sie sagen, Sie haben wenig Zeit und gleichzeitig bequem in Ihrem Sessel sitzen, glaubt Ihnen Ihr Gesprächspartner nicht. Er wird reden und reden und reden. Worte und Taten müssen übereinstimmen. Wenn Sie im Begriff sind zu gehen, dann gehen Sie tatsächlich. Warten Sie also nicht, bis der andere aufhört zu reden, um dann zu gehen. Stehen Sie von Ihrem Platz auf, ziehen Sie sich Ihren Mantel an – und gehen Sie! Vollziehen Sie alle Schritte. Sonst kann es Ihnen passieren, daß Sie im Winter mit Mütze, Schal und Handschuhen im Büro stehen und Ihr Gesprächspartner so noch stundenlang mit Ihnen redet.

Wenn Sie nicht im Begriff sind zu gehen, und einfach nur wünschen, daß der Andere den Raum verläßt, machen Sie folgendes: Fassen Sie kurz das wesentliche Ergebnis des Gespräches zusammen, bedanken Sie sich und geben Sie dem Gesprächspartner zum Abschied die Hand. Danach gehen Sie wieder an Ihre Arbeit und arbeiten. Dabei keinerlei Blickkontakt zum Gesprächspartner.

Einer der größten Zeitfresser sind heutzutage E-Mails. Zeitverluste werden hier verursacht durch:

a) ständiges E-Mail-"checken"

b) zuviele E-Mails

c) unnötige Rückfragen, verursacht durch informationsarme E-Mails

Zu a: Sei es an stationären Rechnern oder an mobilen Endgeräten: Ständiges E-Mail-"checken" lenkt von der Arbeit ab, frißt Zeit, kostet Nerven und macht Sie zum Hampelmann der Technik.

Wenn Sie am stationären Rechner arbeiten, bestimmen Sie feste Zeiten, an denen Sie Ihre E-Mails abfragen. Beispielsweise täglich um 8 Uhr oder täglich um 8 Uhr und um 13 Uhr. Sie müssen nicht jede E-Mail innert Minuten beantworten. Beschwert sich jemand bei Ihnen, daß Sie die E-Mail von vor 3 Stunden noch nicht beantwortet haben, so können Sie ihn wissen lassen, daß Sie die E-Mail noch nicht gelesen haben, da Sie gearbeitet haben. Für Ihr Gegenüber mag es unglaublich klingen: Ja, Sie sitzen tatsächlich im Büro um zu arbeiten und nicht um E-Mails zu lesen.

Es gibt nicht zu wenig Zeit. Es gibt nur zuviel Ablenkung.

Wichtig: Beantworten Sie zu Ihren festen E-Mail-Abrufzeiten nur solche E-Mails, die zu Beginn eingetroffen sind.

Beispiel: Sie sitzen am Mittwoch um 8:00 Uhr am Rechner. Sie lesen und beantworten nur die E-Mails, die bis Mittwoch 8:00 Uhr eingetroffen sind. Sollten weitere E-Mails eintreffen, während Sie Ihre E-Mails abfragen, ignorieren Sie sie. Fragen Sie sie erst beim nächsten Abruftermin ab. Öffnen Sie sie nicht aus Neugierde. Das gilt auch für solche E-Mails, die offenbar Antworten auf Ihre soeben verschickten E-Mails sind. Wenn Sie sich nicht an diese Regeln halten, verdoppelt sich Ihre

Bearbeitungszeit sehr schnell.

Zu guter Letzt: Schalten Sie die "push-Funktion" ab. Die brauchen Sie ja jetzt nicht mehr.

Noch ein Wort zu mobilen Endgeräten: Wenn Sie sich an die obigen Ratschläge halten, benötigen Sie einen stationären Rechner. Für Geschäftsreisen benötigen Sie ein Notebook mit Internetver-bindung. Einen Blackberry benötigen Sie dann nicht mehr. Die Dinger sind ohnehin seit langem kein Statussymbol mehr. Genießen Sie es lieber, hoch erhobenen Hauptes und mit entspannten Gesichtszügen aus dem Flieger zu steigen, während die Mitreisenden in gebeugter Haltung und mit ange-spannten Gesichtszügen ihre E-Mails abfragen.

Zu b: Zuviele E-Mails sind ein großes Hindernis auf dem Weg zu effizientem Arbeiten. Leider haben Sie nur geringen Einfluß darauf, wieviele E-Mails direkt an Sie geschrieben werden und wie oft Sie cc gesetzt werden. Die *morbus ccitis* lähmt immer mehr Organisationen. Schlingpflanzenartig wachsen die E-Mail-Postfächer unschuldiger Menschen zu, weil ihre Kollegen sie unnötigerweise beim E-Mail-Versand cc setzen. Hier ist das Einschreiten der Unternehmensführung gefragt. Unternehmen wie Ferrari haben die Zahl der Empfänger, die cc gesetzt werden dürfen, auf 3 beschränkt. Unternehmen wie intel haben den E-Mail-freien Tag eingeführt. Mitarbeiter greifen an diesem Tag wieder zum Telefon oder besuchen den Kollegen 2 Zimmer weiter, um sich mit ihm zu besprechen. Langfristig kann so das E-Mail-Aufkommen verringert werden, denn das persönliche Gespräch ersetzt viele E-Mails.

Offizielle Begründung für den E-Mail-freien Tag ist, die Produktivität zu erhöhen. Die Mitarbeiter kämen vor lauter E-Mail-Verkehr nicht mehr zum arbeiten. Ich halte es für einen begrüßenswerten Schritt, wenn Großunternehmen zumindest an einem Tag in der Woche produktiv sind. Würde intel die E-Mails ganz abschaffen, wäre das Unternehmen sogar an 5 Tagen in der Woche produktiv. Spätestens dann müßte die Konkurrenz nachziehen.

Zu c: Mit jemandem am Telefon zu sprechen oder ein Gespräch von Angesicht zu Angesicht zu führen erfordert ein Mindestmaß an Mut und Aufmerksamkeit. Schriftliche Nachrichten verlangen diese Eigenschaften in viel geringerem Maße. Der Erfolg von Diensten wie *whatsapp* (das gute alte Telefonat unter Freunden verliert an Bedeutung) im Privatleben und E-Mails im Geschäftsleben hat sicherlich damit zu tun.

Die Erfahrung zeigt, daß E-Mail-Schriftverkehr viel zeitaufwendiger ist als Telefonate oder persönliche Gespräche. Am Telefon erhalten Sie unmittelbar eine Antwort auf eine Frage. Sie fragen nach, wenn Sie etwas nicht verstanden haben und erhalten sofort eine Antwort. Sie stellen eine Folgefrage und erhalten wieder eine Antwort. In einem kurzen Telefonat von weniger als 5 Minuten lassen sich ohne weiteres ein halbes Dutzend oder noch mehr Fragen klären. Wenn Sie das per E-Mail machen, haben Sie ganz schnell 10 oder mehr E-Mails zusammen. Die alle zu lesen und zu schreiben dauert erheblich länger als ein Telefonat. Zudem lassen sich am Telefon Mißverständnisse sofort ausräumen. Wird eine E-Mail vom Empfänger falsch verstanden, so antwortet er unter Umständen ausführlich, aber seine Antwort ist wertlos, weil sie an der Frage vorbeigeht. Der Leser möge sich selbst erinnern, wie oft ihm dies schon passiert ist.

Erst recht, wenn Sie dringend eine Antwort benötigen, sollten Sie zum Hörer greifen oder persönlich das Büro aufsuchen. Es kann immer sein, daß der Empfänger gerade nicht an seinem Platz ist oder vielleicht den ganzen Tag außer Haus ist. Nur durch Anruf können Sie das erfahren (ein Kollege wird Ihnen Auskunft erteilen) und sich gegebenenfalls eine Alternative ausdenken. Kurz: Sie handeln. Sie behalten die Initiative.

Ein weiterer Nachteil des E-Mail-ping-pong ist der, daß häufig informationsarme Nachrichten geschrieben werden.

Vorschlag zur Eindämmung der E-Mail-Flut und ständigen Erreichbarkeit

Aus den 80er Jahren habe ich die braunen UPS-Transporter noch in guter Erinnerung. Wenn ich es richtig in Erinnerung habe, besaß damals keiner der Zusteller ein Mobiltelefon oder ähnliches Gerät. Die Pakete wurden dennoch zugestellt.

Heute hat jeder Paketzusteller einen Knopf im Ohr und muß ständig Anrufe entgegennehmen und Fragen beantworten. Zum Zeitdruck in der Zustellung kommt der

Druck der ständigen Erreichbarkeit. Der Kunde kann im Internet nahezu in Echtzeit den Transportweg des Paketes nachverfolgen. Und tut dies auch ständig. Dabei enthält nicht jedes Paket dringend benötigte, lebenswichtige, Medikamente und nicht jeder Paketdienst ist unfähig, ein Paket zuzustellen. Etwas mehr Gelassenheit täte gut. In der Praxis aber nutzen alle Beteiligten die neuen technischen Möglichkeiten, weil sie nun mal da sind. Kein Anbieter kann es sich erlauben, diese Möglichkeiten nicht anzubieten, denn dann hätte er einen Wettbewerbsnachteil. Nach wie vor gilt aber: Pakete werden durch Menschen zugestellt. Unterstützt von Fahrzeugen und einer guten Verwaltung, die den Sendungsfluß steuert und nachvollziehbar macht. All das gibt es schon seit Jahrzehnten. Der Knopf im Ohr des Zustellers bringt für die Zustellung weniger, als er an

Ressourcen verbraucht. Ich habe noch nie ein Handy ein Paket zustellen sehen – das machen immer noch Menschen. Aber das System wird immer komplexer und verkonsumiert die Vorteile technischer Neuerungen bis der Grenznutzen technischer Neuerungen negativ wird. Diesen Punkt haben wir vielfach schon erreicht.

Der Grund hierfür ist, daß die neue Technik oft ohne Sinn und Verstand genutzt wird. Der Grund hierfür liegt wiederum darin, daß die Nutzung der neuen Technik als kostenlos betrachtet wird – was sie nicht ist! Es ist ein gewaltiger Irrtum, anzunehmen, die Nutzung sei kostenlos! "Flatrates" erwecken diesen Eindruck. Tatsächlich aber werden bei jedem Kommunikationsvorgang Ressourcen verbraucht. Der Sender verbraucht eigene Ressourcen in Form von Zeit, Aufmerksamkeit,

Nerven, Energie und in Form von Opportunitätskosten, denn er könnte in der Zeit auch etwas anderes machen.

Nun kann jeder mit seiner Zeit machen, was er will. Das Problem ist, daß dem Empfänger, oftmals ungewollt und ungefragt, ebenfalls ein Ressourcen-verbrauch abverlangt wird!

Wir sehen das nicht nur in der Kunde – Unternehmer – Beziehung, sondern auch und besonders innerhalb von Unternehmen. Der Versand einer E-Mail ist scheinbar kostenlos. Dementsprechend wird wegen jeder Kleinigkeit eine E-Mail verschickt und bedenkenlos cc gesetzt. Die Kosten werden der Organisation aufgebürdet. Diese wird zunehmend gelähmt durch die Vielzahl an E-Mails, die wie Sand im Getriebe wirken. Mit der ständigen telefonischen Erreichbarkeit auch nach Feierabend verhält es sich ähnlich. Mitarbeiter werden scheinbar zum Festpreis gebucht, also preßt man das Maximum aus ihnen heraus. Je mehr aus ihnen herausgepreßt wird, desto geringer ihr Lohn je Zeiteinheit.

So mancher Absender überläßt das Denken dem Empfänger. Er schreibt eine nachlässige E-Mail in der Erwartung, der Empfänger werde ihn schon auf mögliche Fehler hinweisen. Die Kosten in Form von Arbeitsaufwand und Zeitverlust werden dem Empfänger aufgebürdet.

E-Mails sind nur scheinbar kostenlos und die Kosten werden den Empfängern bzw. der Organisation aufgebürdet. Dies geschieht nur deswegen, weil die

Absender die Kosten nicht tragen müssen. Hier liegt zugleich die Lösung des Problems: Indem man die Absender die entstandenen Kosten tragen läßt, wird sich das E-Mail-Aufkommen drastisch verringern. Kostenlose Güter werden verschwendet. Bepreiste Güter werden sparsam und sinnvoll eingesetzt. Es ist der alte Unterschied zwischen Planwirtschaft und Marktwirtschaft. Eine Marktwirtschaft ist viel besser in der Lage, die Verwendung von Ressourcen sinnvoll zu steuern als eine Planwirtschaft, in der die Preise künstlich tief gehalten werden.

In allen mir bekannten Unternehmen herrscht im Hinblick auf die Preise von E-Mails Planwirtschaft. Der Preis für das Versenden einer E-Mail ist künstlich auf 0 € festgesetzt, während die tatsächlichen Kosten höher –

oft viel höher – liegen.

Es müßten Preise für das Versenden von E-Mails einge-führt werden. Auch innerhalb von Unter-nehmen muß Marktwirtschaft eingeführt werden.

Der Preis könnte in € bemessen sein. Mitarbeiter erhielten dann zusätzlich zum Gehalt Budgets für den E-Mail-Verkehr. Schöpfen sie die Budgets nicht aus, so könnte ihnen der Beitrag als Bonus zum Gehalt ausgezahlt werden oder er steht für Leistungen aus anderen *Profit Centern* zur Verfügung. Ist das Budget erschöpft, muß der Mitarbeiter andere Ressourcen bereitstellen, die er gegen E-Mail-Guthaben eintauschen kann.

Der Preis je E-Mail sollte zudem gestaffelt werden: Je höher das Gehalt des Empfängers, desto teurer die an ihn verschickte E-Mail.

Internet

Das Internet ist heutzutage eines der größten Hindernisse auf dem Weg zu disziplinierter Arbeit, produktivem Schaffen und erholsamer Freizeit.

Als Zeitfresser, Unterhaltungsmaschine und Lebenszeitvernichter hat das Internet inzwischen das Fernsehen abgelöst. Millionen Menschen lassen sich durch das Internet statt durch das Fernsehen jeden Tag Stunden ihrer wertvollen Zeit stehlen. Stunden, in denen sich Mensch um seine ihm liebsten Menschen, um Natur, um

Sport, um den Genuß, um Selbsterkenntnis, um sinnvolle handwerkliche Arbeit kümmern könnte, werden vom Internet rückstandslos geschreddert und entsorgt. Diese Stunden summieren sich zu Jahren und zu Lebensjahrzehnten, die für immer verloren sind. Doch es ist nicht nur die direkt verlorene Zeit. Exzessiver Internetkonsum macht traurig und krank. In der verbleibenden Lebenszeit wird deshalb weniger geschafft. Und schließlich kann das ständige Verlangen nach Neuigkeiten – sei es ständiges E-Mail oder Nachrichten "checken", z.B. auf Spiegel-Online – zu unkonzentrierter Arbeitsweise und ständigen Unterbrechungen führen.

Das Urteil mag dem einen oder anderen Leser übertrieben und einseitig erscheinen. Ich gebe gerne zu, daß das Internet zu Zeitersparnis führen kann. Zweifellos sparen Sie Zeit – nämlich den Gang zur Bank – wenn Sie *Online-Banking* nutzen. Zweifellos sparen Sie Zeit, wenn Sie im Internet die günstigste ÖPNV-Verbindung heraussuchen und so Ihre Fahrtzeit verringern. Doch was machen fast alle mit der gewonnenen Zeit? Wir verschenken sie sogleich wieder, indem wir uns den neuesten, schlecht geschriebenen Artikel durchlesen, das neueste (und belanglose) Video auf *youtube* schauen oder auf *Facebook* surfen. Unterm Strich bleibt ein satter Zeitverlust. Das Internet könnte unser Leben entschleunigen, doch aus dem oben genannten Grund macht es uns gestreßt: Wir haben weniger Zeit zur freien Verfügung und zusätzlich haben wir mehr Optionen für die scheinbar immer knapper werdende Zeit. Kein Wunder, daß die Menschen immer ungeduldiger, gehetzter und unkonzentrierter werden. Seit ca. 2011, dem Durchbruch des Smartphones in Deutschland, ist es noch schlimmer geworden.

Die Abhängigkeit vom Internet als einer Methode zum Zeittotschlagen ist ein Laster wie das Rauchen. Mit den gleichen Methoden, mit denen man sich das Rauchen abgewöhnen kann, kann man sich auch sinnlosen Internetkonsum abgewöhnen.

Kapitel 5: Fehler im Umgang mit Menschen

Mehrarbeit durch anderer Leute Fehler

Fehler anderer Leute können zu Mehrarbeit führen. Der beste Weg, um diese Art von Mehrarbeit zu vermeiden wäre, wenn jeder Fehler vermeidet und die Folgen selber ausbügelt. Die Realität sieht leider anders aus. Die Guten müssen nur allzuoft die Fehler der Nachlässigen ausbügeln. Mitarbeiter müssen die Fehlentscheidungen ihrer Vorgesetzten mittragen. Wo das hinführt sehen wir in vielen asiatischen Volkswirtschaften. Trotz viel höherer Wochenarbeitszeiten und kaum vorhandenen Jahresurlaubs ist deren Wohlstand auch nicht höher als der in Deutschland oder Frankreich mit 35 – 40 h Woche und bis zu 6 Wochen Jahresurlaub.

Grund hierfür ist das Senioritätsprinzip in den asiatischen Unternehmen. Dort wird noch weniger nach Leistung befördert als bei uns. Durch das Prinzip des unbedingten Gesicht-wahrens können dann nicht einmal offenkundig unsinnige Entscheidungen infrage gestellt werden. Vergleicht man die BIP pro Kopf und die jeweiligen Wochenarbeitsstunden miteinander, so kann man ungefähr erahnen, wieviele Milliarden alleine in Asien durch anderer Leute Fehler vernichtet werden. Dabei sollten wir nicht vergessen, daß es auch in europäischen Unternehmen erhebliche Verluste durch Fehler anderer Leute gibt.

Neben landestypischen Gegebenheiten gibt es zwei Faktoren, die die Fehleranfälligkeit und damit Ineffizienz von Unternehmen erhöhen. Die Größe des

Unternehmens und die Intensität des Wettbewerbs, in dem sich ein Unternehmen befindet. Je größer ein Unternehmen, desto mehr interne Planwirtschaft gibt es. Durch fehlende Preisbildung, langsame Informationsflüsse einschließlich ausbleibender Marktrückmeldungen spielt die Wirklichkeit des Marktes eine geringe Rolle für das Unternehmen. In der Folge gewinnen bei der Auswahl der Führungskräfte verschiedene marktferne Überlegungen an Einfluß, die unter dem Wort "politisch" zusammengefaßt werden. Neben der Größe eines Unternehmens kann aber auch die Marktposition einen Einfluß ausüben. Organisationen, die subventioniert werden, verhalten sich ähnlich wie Großunternehmen. Wenn wir staatlich subventionierte Parteien, staatlich subventionierte Kultureinrichtungen oder von Unternehmen finanzierte

Kammern und Verbände näher betrachten, erkennen wir schnell, daß auch kleine Organisationen einen Grad an "Politisierung" erreichen, der denen von Großunternehmen in nichts nachsteht. Gerade kleinere Verbände bieten fachlich und menschlich zweitklassigem Personal die Gelegenheit, in einem "echten Vorstand" zu sitzen. Daß die sogenannten Vorstandsressorts weniger Personal haben als anderswo eine Abteilung tut der Freude keinen Abbruch.

Wenn aber das Führungspersonal politisch ausgewählt wird, dann ist auch jede Entscheidung des selbigen politisch. Jede Führungsentscheidung ist ein Spielzug im Machtspiel. Allein deshalb können sachliche und fachliche Erwägungen keine Rolle spielen. Da aber die Führungspersonen sich nicht gerade durch Fachkenntnis auszeichnen, ist die Wahrscheinlichkeit fachlich falscher Entscheidungen zusätzlich erhöht.

Was Sie dagegen tun können hängt sehr stark von Ihren Befugnissen und Einflußmöglichkeiten ab. Sind Sie Angestellter, sollten Sie keine Zuarbeit von Kollegen akzeptieren, wenn diese fehlerhaft ist. Ist sie von vorneherein erkennbar fehlerhaft, verweigern Sie die Annahme. Fallen Ihnen die Fehler erst später auf, und sind es keine vernachlässigbaren Flüchtigkeitsfehler, so geben Sie die Zuarbeit zurück. Es mag Ihnen sehr edel vorkommen, die Fehler anderer Leute nobel zu verschweigen. Danken wird es Ihnen niemand. Genau die Leute, deren Fehler Sie verschweigen und ausbügeln, sind die ersten, die Sie *coram publico* auf Ihre eigenen, viel geringeren, Fehler hinweisen werden.

Wenn Sie freundlich, aber bestimmt fehlerhafte Zuarbeit ablehnen oder zurückgeben, erhalten Sie den Respekt Ihrer Kollegen. Außerdem werden Sie bald keine fehlerhaften Zuarbeiten mehr erhalten.

Als Vorgesetzter gilt im Prinzip dasselbe für Zuarbeiten, die Sie von Untergebenen bekommen.

Bekommen Sie fehlerhafte Aufträge von Vorgesetzten, so sollten Sie ebenfalls versuchen, diese abzulehnen bzw. zurückzugeben. Achten Sie auf eine diplomatische Wortwahl, damit sich Ihr Vorgesetzter nicht herausgefordert fühlt. Beschreiben Sie genau, welche Informationen Sie benötigen bzw. welche fachlichen Bedenken Sie haben. Das erleichtert Ihrem Vorgesetzten die Überarbeitung seines Auftrages an Sie. Läßt sich Ihr

Vorgesetzter nicht darauf ein, haben Sie langfristig nur zwei Möglichkeiten: Entweder Sie beugen sich, oder Sie verlassen die Abteilung / das Unternehmen.

Noch ein Hinweis: Wie bereits angedeutet, gibt es neben dem fachlichen Gesichtspunkt oft noch den politischen Gesichtspunkt. Da dieses Buch aber ein Fachbuch über effizientes Arbeiten ist und kein Buch über das politische Spiel in Unternehmen, ist dem Leser empfohlen, sich an anderer Stelle kundig zu machen.

Kapitel 6: Erschöpfung

Erschöpfung

Erschöpfung kann Ihre Produktivität erheblich verringern. Es gibt viele Arten von Erschöpfung und noch mehr Ursachen. Ich will diese daher im Rahmen dieses Buches nur kurz ansprechen.

Wenn Sie Ihre Arbeit schwungvoll begonnen haben und ein Abfallen Ihrer Produktivität feststellen, gibt es im wesentlichen drei mögliche Ursachen:

a) Mangel an Kohlenhydraten.

Um zu funktionieren benötigt Ihr Gehirn Kohlenhydrate. Sie sollten vor der Arbeit ausreichend Kohlenhydrate zu sich nehmen bzw. für eine ausreichende Zufuhr während der Arbeit sorgen. Das gilt übrigens auch für längere Autofahrten, auf denen Sie ja auch über längere Zeit aufmerksam sein müssen. Spätestens wenn Sie beginnen, leichte Kopfschmerzen zu verspüren oder Konzentrationsmängel feststellen, sollten Sie Kohlenhydrate zu sich nehmen.

Übrigens wirkt sich Flüssigkeitsmangel ähnlich schlecht auf Ihre Leistungsfähigkeit aus. Achten Sie deshalb darauf, ausreichend zu trinken. Besonders auch im Winter, wenn das Durstempfinden verringert ist.

b) Mangel an Pausen.

Pausen sind wichtig, um die Leistungsfähigkeit aufrechtzuerhalten. Wenn Sie zu wenige Pausen machen, zeigen sich Symptome, die denen unter a ähnlich sind. Wenn Sie geistig tätig sind, machen Sie mindestens alle 55 Minuten eine 5-minütige Pause. Verlassen Sie den Arbeitsplatz. Bewegen Sie sich und schnappen Sie frische Luft.

c) Zu viele Mißverständnisse.

Wenn bei Ihrer Arbeit Mißverständnisse auftauchen, wenn Sie etwas nicht verstanden haben oder sich nicht sicher sind, ob Sie verstanden haben, dann klären Sie das Mißverständnis sofort. So bleiben Sie Herr der

Lage. Andernfalls sind Sie ein Getriebener, Mißverständnis reiht sich sonst an Mißverständnis, was zu Ermüdung führt.

Neben diesen – leicht behebbaren – Erschöpfungszuständen gibt es noch Erschöpfung, die durch den Lebenswandel und die eigene Wahrnehmung des Lebens begründet ist.

Ich will an dieser Stelle nur wenig über die Folgen von Bewegungsmangel, ungesunder Ernährung und Genußgiften (Rauchen, Trinken) schreiben. Diese sind, wie ich weiter unten ausführen werde, nur das Ergebnis einer tieferen Unzufriedenheit im Leben.

Gandhi überlieferte folgende Weisheit über das Glück: Glück ist, wenn Deine Worte, Deine Gedanken und Deine Taten im Einklang sind. Diese Weisheit sagt auch einiges über Erschöpfung aus. Erschöpfung ist zumeist die Folge von zu wenig Glück. Von zu wenig Übereinstimmung der eigenen Worte (= welches Bild von mir stelle ich nach außen dar und zu welchen Werten bekenne ich mich), Taten (= womit verbringe ich meine Lebenszeit? Was kommt in meinem Leben <u>nicht</u> vor?) und Gedanken (= was will ich gerne).

Der Mensch in dieser Situation greift zu Mitteln, die eine schnelle Unterdrückung der schlechten Gefühle versprechen. Genußgifte wie Alkohol, Nikotin oder Drogen gehören hierzu. Übermäßiges Fernsehen gehört dazu. Der Mensch kann die Stille nicht ertragen, weil er in seiner Stille mit seinem eigenen Unglück alleine ist. Viele Menschen scheitern z.B. beim Versuch, das Rauchen aufzugeben, weil die schlechten Gefühle weiterhin vorhanden sind. Statt die Symptome zu beseitigen ist es viel sinnvoller, die Ursachen zu bekämpfen. Werden hierbei Erfolge erzielt, stellt der Körper eigene Drogen in Form von Glücksgefühlen bereit. Der Genuß von Zeitvernichtern und Gefühlsabtötern geht von alleine zurück. Es würde den Rahmen dieses Buches sprengen, Wege zum Glück ausführlich aufzuzeigen. Halten wir uns an Gandhis Worte, so haben wir einige Anhaltspunkte:

Achten wir darauf, daß unsere Worte wahr sind. Nicht auszusprechen, was ist, kann krank machen. Haben wir öfter den Mut, die Dinge beim Namen zu nennen.

Suchen wir uns ein Umfeld, in dem unsere Worte verstanden werden. In dem unsere Worte gerne gehört werden. Setzen wir uns nicht dem Druck aus, sprechen zu müssen, wenn wir es nicht wollen. Und nicht dem Druck, anders sprechen zu müssen, als es uns lieb wäre.

Unsere Gedanken sind frei. Unsere Gedanken und Überzeugungen, unsere Wünsche, unsere Sehnsüchte. Merkwürdigerweise glauben wir oft, unsere Worte und unsere Taten könnten und dürften nicht frei sein. Meistens ist das ein Irrtum. Wir erlegen uns überflüssige Fesseln auf. Die Folgen bezahlen wir. Mit einer schmerzenden Seele und einem schmerzenden Körper.

Unsere Taten seien der Spiegel unserer Gedanken. So erreichen wir mehr. Nicht immer mehr Geld, aber doch mehr Selbstachtung und innere Erfüllung.

Sei noch angemerkt, daß sich viele Glücksforscher, Denker und Erfolgstrainer in einem einig sind: Glück entsteht durch das Meistern von Herausforderungen, durch das Überwinden von selbstgewählten Hindernissen und harten Prüfungen. Suchen wir daher Herausforderungen und nehmen sie dankbar an.

Nachwort:

Wenn Sie effizient sind, machen Sie das vermutlich mit dem Ziel, erfolgreich zu sein. Aber auf dem Weg zum Erfolg werden Sie sich bisweilen unbeliebt machen. Ihre Effizienz kann andere in Unruhe versetzen, indem Sie deren Ineffizienz offenlegen. Effizienz kann kurzfristig unangenehme Entscheidungen zur Folge haben. Effizient sein erfordert Mut, in einem Umfeld, in dem alle anderen ineffizient sind.

Wenn Sie aber lange genug effizient sind, werden Sie schließlich erfolgreich sein. Und Erfolg sieht immer gut aus.

www.ingramcontent.com/pod-product-compliance
Lightning Source LLC
Chambersburg PA
CBHW051812170526
45167CB00005B/1983